태극기는 참 쉽다

이형진 글 그림

하얀 네모가 하나!

빨강, 파랑 기운이
하나, 둘!

까만 막대가 하나, 둘, 셋!

이제 보인다!

태극기가 어려울 땐,
1, 2, 3, 4, 5, 6!
어때, 참 쉽지?

하얀 네모 속에는 하얀 마음이 숨어 있어.
하얀 마음은 안 싸우는 마음,

이 커다란 세상을
우리 같이 그려 볼까?

3, 4, 5, 6!

그 다음엔 뭐였지? 맞아, 까만 막대 3, 4, 5, 6!

하늘

물

사람

땅

1 2 3 4 5 6!

삐뚤 빼뚤 다 그렸다!

온 세상이 다 들었다!

1 2 3 4 5 6!

쓰고 그린이 이형진

그림 그리기를 좋아하는 어린 시절을 거쳐 만화에 푹 빠진 청소년으로 살다가 대학에서 산업 미술을 공부했습니다.
졸업한 다음에는 어린이책에 그림도 그리고 글도 쓰기 시작했습니다. 30년이 지난 아직까지도 책 만들기를 즐기며 살고 있습니다.
《끝지》, 《비단 치마》, 《흥부네 통개》를 쓰고 그렸고, 〈알고 보니 통합 지식〉 시리즈와 〈코앞의 과학〉 시리즈에 글도 쓰고 그림도 그렸습니다.

풀빛 그림 아이
태극기는 참 쉽다

초판 1쇄 발행 2023년 8월 15일 | **초판 6쇄 발행** 2025년 9월 30일
쓰고 그린이 이형진
펴낸이 홍석 | **이사** 홍성우 | **편집부장** 이정은 | **편집** 오미현 · 조유진 · 노한나 | **디자인** 이한나 · 김영주 | **마케팅** 이송희 · 최은서 | **제작** 홍보람 | **관리** 최우리 · 정원경 · 조영행
펴낸곳 도서출판 풀빛 | **등록** 1979년 3월 6일 제2021-000055호 | **제조국** 대한민국 | **사용연령** 4세 이상
주소 서울특별시 강서구 양천로 583 우림블루나인 A동 21층 2110호 | **전화** 02-363-5995(영업) 02-362-8900(편집) | **팩스** 070-4275-0445
전자우편 kids@pulbit.co.kr | **홈페이지** www.pulbit.co.kr | **블로그** blog.naver.com/pulbitbooks | **인스타그램** instagram.com/pulbitkids

ISBN 979-11-6172-593-2 77810
ⓒ 이형진, 2023

이 책은 저작권법에 따라 보호받는 저작물이므로 무단 전재와 복제를 금지하며, 이 책의 전체 혹은 일부 내용을 인공지능 기술 교육을 목적으로 입력, 제공하거나 기타 방식으로 사용하는 것을 금합니다.
이 책 내용의 전체 또는 일부를 이용하려면 반드시 저작권자와 도서출판 풀빛의 서면 동의를 받아야 합니다.

*책값은 뒤표지에 표시되어 있습니다.
*종이에 베이거나 긁히지 않도록 조심하세요. 책 모서리가 날카로우니 던지거나 떨어뜨리지 마세요.
*파본이나 잘못된 책은 구입하신 곳에서 바꿔 드립니다.